Stefan Schumm

16 Geheimnisse über Geld, die Du wissen solltest

Finanzielle Prinzipien & Weisheiten erfolgreicher Investoren

Alle Ratschläge in diesem Buch wurden vom Autor und vom Verlag sorgfältig erwogen und geprüft. Eine Garantie kann dennoch nicht übernommen werden. Eine Haftung des Autors beziehungsweise des Verlags und seiner Beauftragten für Personen-, Sach- und Vermögensschäden ist daher ausgeschlossen.

Für Fragen und Anregungen:
info@vibrantlife.de

1. Auflage 2018
ISBN-13: 978- 1720185017

Vibrant Life Publishing ist ein Verlag der Vibrant Life Group LLC
2880 W. Oakland Park Boulevard
Suite 118 Ft. Lauderdale
FL 33311 USA

Weitere Informationen zum Verlag finden Sie unter
www.vibrantlife.de/publishing

Inhaltsverzeichnis

Bevor Du losstartest, möchte ich mich bei Dir für den Kauf des Buches mit einem kleinen Geschenk bedanken, das Dich beim Investieren unterstützen wird.

Um den Bonus zu erhalten, tippe einfach folgenden Link in deinen Internet-Browser:

https://www.investoren-journal.com/geheimnisse

WICHTIG

Im Buch werden immer wieder Links und Tipps gegeben, die ich für Dich auf einer komplementären Seite aufgelistet habe.

Den Zugang dazu erhältst Du ebenfalls unter:

https://www.investoren-journal.com/geheimnisse

Intro

Geld ist wesentlich mehr als Zahlen, Diagramme oder etwas worüber sich nur Experten oder Reiche in Anzügen Gedanken machen. Jeder sollte sich mit dem Thema Geld und investieren beschäftigen. Ich verspreche Dir, sobald Du die Verknüpfung zwischen Deinen Finanzen und Deiner persönlichen Freiheit verstanden hast, wirst Du Geld plötzlich aus einer ganz anderen Perspektive sehen.

Bevor wir loslegen, möchte ich mich bei Dir für den Kauf bedanken und Dir gratulieren. Durch das Lesen dieses Buches bist Du finanziell schon besser gebildet als 95 % Deiner Mitmenschen. Obwohl das Thema Geld so eine wichtige Rolle in unserem gesamten Leben spielt, lässt die Finanzbildung in unserem Land leider sehr zu wünschen übrig.

Viele Menschen haben entweder selbst beim Investieren Fehler gemacht oder kennen jemanden, der durch Spekulationen Geld verloren hat und haben deshalb nun Angst ihr Geld zu investieren. Deswegen wird das Geld entweder sofort ausgegeben oder es bleibt auf dem vermeintlich sicheren Sparbuch, an dem das einzig sichere ist, dass die Ersparnisse inflationsbedingt 2-3 % pro Jahr an Wert verlieren.

In den folgenden Kapiteln werde ich Dir 16 Geheimnisse und Lektionen über Geld verraten, die ich im Laufe meiner Karriere gelernt habe. Sie basieren zum Teil auf Fehlern aus meiner eigenen Vergangenheit und aus den zahlreichen Büchern & Seminaren, auf denen ich mich weitergebildet habe, damit Du Dir kostspielige Fehlschritte ersparen kannst. Mein Ziel ist es, Dir dadurch dabei zu helfen, die fundamentalen Gesetze des Finanzierens zu verstehen, damit Du mit wenigen effektiven Schritten und ohne viel Stress finanziell gut aufgestellt bist um ein entspannteres, glücklicheres Leben mit mehr Geld zu führen.

Du wirst unter anderem lernen:

- Dass es viel wichtiger ist, wie viel Du von Deinem Einkommen behältst, als was Du verdienst
- Wie Du dank FU Money aus der Abhängigkeit von Deinem Job rauskommst
- Wie wichtig es ist, schon früh mit dem Investieren anzufangen
- Wie Du mit dem Zinseszins alle 7-10 Jahre Dein Geld verdoppeln kannst
- Ob Immobilien wirklich eine gute Investition sind
- Dass sich jeder, auch bei geringerem Einkommen, mit der richtigen Strategie ein Vermögen aufbauen kann
- Wieviel Dich Dein neues iPhone wirklich kostet

- Dass mehr Geld alleine Dich nicht glücklicher macht, die zusätzliche Freiheit aber schon

Da die 16 Lektionen natürlich wesentlich hilfreicher sind, wenn Du diese auch umsetzt, findest Du nach jedem Punkt einen Action Step (Handlungsschritt).

GEHEIMNIS #1

Aus Fehlern lernen - Schulden vermeiden und tilgen

Jeder macht am Anfang Fehler beim Investieren und beim Umgang mit Geld. Wichtig ist, dass Du daraus lernst und es in Zukunft besser machst. Akzeptiere, was in der Vergangenheit passiert ist und verschwende keine Zeit in *was wäre, wenn - Träume.*

Das erste, worauf Du bei Deinem Vermögensaufbau achten solltest, ist Schulden so weit wie möglich zu vermeiden. Wann immer Du Dein Bankkonto überziehst, werden horrende Zinssätze von bis zu 14 % fällig. Die Bank ist in einem solchen Fall der einzige Gewinner.

Ich hoffe auch, Dir mit dem Buch dabei zu helfen, Konsumausgaben, die Du in Deinem Leben bisher impulsiv getätigt hast, kritisch zu hinterfragen. Aber dazu später mehr.

Und falls Du derzeit beispielsweise 4 % Zinsen für einen Kredit oder deutlich höhere Zinsen für eine Überziehung zahlen musst, kümmere Dich als allererstes um die Tilgung, bevor Du Dich weiter mit dem Investieren beschäftigst. Die Rückzahlung bringt Dir nämlich indirekt eine garantierte Rendite in der Höhe des Zinssatzes. Auch wirst Du merken, dass es sich viel besser anfühlt, wenn Du niemandem Geld schuldest.

Action Step:

Achte darauf, immer genug Geld auf dem Konto zu haben, um Dir die hohen Überziehungszinsen zu ersparen. Bist Du derzeit verschuldet und musst Zinsen für einen Kredit oder eine Überziehung zahlen? Dann kümmere Dich zuallererst um die Rückzahlung.

GEHEIMNIS #2

Das Haushaltsbuch: Dieses Buch macht Dich reich

Die meisten professionellen Finanzberater der Welt sind sich über diesen Punkt einig. Der erste Schritt, den Du für ein besseres Bewusstsein über Deine Finanzen tun musst, ist Deine Einnahmen und Ausgaben eine Zeit lang genau zu verfolgen.

Der englische Begriff hierfür lautet *Expense Tracking*, welcher sicher besser klingt als das „Haushaltsbuch“. Lass Dich aber nicht vom vorerst langweilig klingenden Begriff täuschen, denn das Haushaltsbuch ist *das Buch, dass Dich reich macht.*

Hier schreibst Du jede Einnahme und Ausgabe über einen Zeitraum von mindestens drei Monaten genau auf.

Wenn Du hauptsächlich per Bankkarte, also elektronisch zahlst, kannst Du Deine Ausgaben über Deinen Kontoauszug auch im Nachhinein kontrollieren und in Dein Haushaltsbuch eintragen. Eine Sortierung Deiner Ausgaben nach Kategorien wie etwa Miete, Lebensmittel, Kleidung, Transport, Reisen oder Restaurantbesuche ist auch hilfreich, um schnell zu erkennen, wohin Dein Geld fließt. Keine Sorge, Du brauchst dabei kein schlechtes Gewissen haben, es geht hierbei vorerst nur darum, Dir mehr Klarheit zu verschaffen. Nur so findest Du nach einiger Zeit heraus, ob Dein Geld in die Dinge fließt, die Dir wirklich Freude bereiten und die das Geld auch wert sind und was Du hingegen optimieren kannst.

Fang am besten mit den größten monatlichen Ausgaben an, denn diese haben den größten Einfluss darauf, wie viel (oder wie wenig) Geld am Ende des Monats übrigbleibt.

Brauchst Du beispielsweise eine große Wohnung oder wärst Du in einer kleineren Wohnung mit mehreren Tausend Euro Ersparnis im Jahr nicht vielleicht glücklicher?

Benötigst du wirklich ein Auto oder bietet Deine Stadt zuverlässige öffentliche Verkehrsmittel? Wenn Du für bestimmte Anlässe, dann ein Auto brauchst, kannst Du dieses immer noch für ein paar Stunden oder Tage mieten. Vielleicht hast Du auch einen Freund oder jemanden in der Familie der Dir gerne kurzfristig das Auto borgt. Du ersparst Dir in diesen Fällen den Rest des Jahres die hohen Fixkosten eines Autos.

Vergiss auch nicht monatliche Abo-Kosten im Blick zu behalten, denn auch diese können sich schnell summieren. Brauchst Du etwa wirklich Netflix, Spotify, Sky, Amazon Prime und ein teures Fitnessabo, oder verwendest Du diese Dienstleistungen kaum und Dein Geld wäre woanders besser aufgehoben?

So komisch es auch klingen mag: Zu wissen, wie viel Geld Du monatlich bzw. jährlich für ein glückliches Leben brauchst und wohin Dein Geld fließt, gibt Dir mehr Kontrolle, Freiheit und Sicherheit. Aber dazu kommen wir in den folgenden Kapiteln.

Action Step:

Notiere Dir zumindest drei Monate lang all Deine Ausgaben und Einnahmen. Trage Dir zusätzlich einen wiederkehrenden Termin am Ende jedes Monats im Kalender ein, an dem du Dir Dein Haushaltsbuch anschaust und deine Ausgaben hinterfragst.

Ich habe Dir hier eine Auflistung mit Tools gemacht, die Dir dabei helfen:

https://www.investoren-journal.com/geheimnisse

GEHEIMNIS #3

Die Lifestyle-Inflationsfalle

Nachdem Du Dir jetzt langsam einen Überblick über Deine Finanzen verschafft hast, kommen wir zu einem Fehler, den Du auf jeden Fall vermeiden solltest: die Lifestyle-Inflationsfalle.

Die meisten Leute glauben, sie müssten mehr verdienen, um überhaupt Geld sparen oder investieren zu können. Das Problem dabei ist häufig, dass sie mit steigendem Gehalt, die Ausgaben ebenfalls erhöhen und am Ende des Monats trotzdem kein Geld übrigbleibt. Schließlich müsse man sich ja etwas „gönnen“: Eine größere Wohnung, ein neues Auto, schicke Designer-Klamotten, exklusive Restaurantbesuche, teure Reisen und schon ist das Geld wieder weg. Das Gefährliche in diesem Szenario ist, dass sich viele schnell an den neuen Lebensstil gewöhnen und nun fälschlicherweise glauben, sie bräuchten all diese teuren Extras. Wenn dann auch noch kaum etwas vom Gehalt gespart wird, sind diese ewig an ihren Job gebunden, auch falls ihnen dieser nicht gefällt. Fall nicht darauf rein! Behalte dieselben Ausgaben wie vor Deiner Gehaltserhöhung und investiere den Rest. Dadurch kannst Du Dir die größer werdende Kluft zwischen Deinem Einkommen und Deinen Ausgaben zunutze machen und ein wesentlich freieres und entspannteres Leben führen.

> *„Von dem Geld, das wir nicht haben, kaufen wir Dinge, die wir nicht brauchen, um Leuten zu imponieren, die wir nicht mögen." – Fight Club*

Für finanziellen Erfolg ist es oftmals viel wichtiger, die Ausgaben zu senken, als sich auf das Einkommen zu konzentrieren. Schließlich geht es am Ende nicht darum, wie viel Du verdienst, sondern wie viel Du davon am Ende des Monats behältst. Umso weniger Deines Einkommens Du ausgibst, desto schneller kannst Du finanziell frei sein, sollte dies Dein Ziel sein.

Action Step:

Anstatt dieses durch Lifestyle-Inflation sofort auszugeben, freu Dich bei Steigerung Deines Gehalts über die zusätzliche Freiheit, die Dir das zusätzliche Geld in Deinem Leben verschafft und investiere es. Zu letzterem Thema kommen wir später. Stell Dir zusätzlich die Frage, wie Dein persönlicher Traumlifestyle aussieht.

- Was würdest Du gerne haben (nicht nur materielle Dinge)?
- Was würdest Du gerne sein (ein toller Koch, fließend in Portugiesisch)?
- Was würdest Du gerne tun (nach Asien reisen, mehr Zeit in der Natur verbringen)?

Wenn Du Dir anschließend die Kosten Deiner wahren Träume ansiehst, wirst Du wahrscheinlich erkennen, dass die Realisierung davon gar nicht so teuer oder unrealistisch ist.

GEHEIMNIS #4

FU Money – Mehr Freiheit durch Ersparnisse

Stell Dir vor, Du hast einen neuen Job der Dir anfangs auch gut gefällt und Spaß macht. Du verdienst jetzt besser und gibst Dir Mühe, alles zu tun, um schnell aufzusteigen, da Du davon ausgehst, dass Du lange in der Firma bleiben wirst.

Doch eines Tages ändert sich etwas. Du kriegst einen neuen Chef, welcher Deinen Arbeitstag plötzlich zur Hölle macht. Oder Du hast schon seit langer Zeit vor, zwei Monate durch Asien zu reisen, aber Deine Firma sagt nein. Oder Du bist an dem Punkt angekommen, an dem Du einfach etwas Neues brauchst, da Dich Deine derzeitige Arbeit nicht mehr erfüllt. Was machst Du nun?

Zuerst noch ein anderes Szenario: Das Unternehmen, in dem Du arbeitest, geht bankrott oder Du wirst plötzlich gekündigt. Du hältst dies für unwahrscheinlich? Fast jede Kündigung erfolgt unerwartet. Was ist Deine Reaktion darauf? Gerätst Du in Panik, da Du nicht weißt, wie Du jetzt Deine monatlichen Rechnungen, das Auto und Deinen Lebensstil finanzieren sollst? Du hast Angst, dass Du nicht weißt, wie schnell Du einen neuen Job findest?

Die Lösung all dieser Szenarien lautet **Fuck You Money**!

FU Money bedeutet, Du verfügst über Ersparnisse, die mehrere Monate bis Jahre Deiner monatlichen Ausgaben decken und Dir einen ersten Geschmack von mehr Kontrolle und Freiheit in Deinem Leben vermitteln. Hast Du beispielsweise 9.000 € angespart und 1.500 € Ausgaben pro Monat, weißt Du, dass Du selbst bei Jobverlust oder Wegfall Deiner Einkommensquelle, problemlos 6 Monate ohne Einnahmen auskommen kannst. Es geht bei FU Money nicht nur um eine bestimmte Menge Geld, sondern um eine Lebenseinstellung: dass Geld alleine Dich nicht glücklich macht, Dir aber zu Unabhängigkeit und Autonomie verhilft. Und dieses Gefühl kann sehr wohl glücklich machen. Du musst Dir in Deinem Job nicht mehr alles gefallen lassen. Du bist jederzeit in der Lage einen Job zu verlassen, der Dir nicht mehr zusagt und hast danach keinen Druck, sofort eine Anstellung anzunehmen, sondern kannst Dir Zeit lassen, die Richtige zu finden. Und das alles nur deshalb, weil Du Geld angespart hast und durch Dein Haushaltsbuch genau weißt, wie lange Du von Deinem Ersparten leben kannst. Die

Zukunft ist ungewiss. FU Money hilft Dir dabei, in jeder Situation Ruhe und die Kontrolle über Dein eigenes Leben zu bewahren.

Action Step:

Durch das Haushaltsbuch im 2. Geheimnis weißt Du bereits, wie viel Geld Du derzeit monatlich zum Leben brauchst. Spare nun im nächsten Schritt, das drei- bis sechsfache Deiner Monatsausgaben als Sicherheitspuffer und genieße das Gefühl, durch FU Money langsam aus der Abhängigkeit rauszukommen und Dich freier zu fühlen.

GEHEIMNIS #5

Vermögenswerte vs. Verbindlichkeiten

Durch den Einfluss der Medien glauben viele zu wissen, wie Reiche aussehen. Das Problem hierbei ist, dass dort fast immer Konsumreiche gezeigt werden. Diese sind meistens Leute, die vorübergehend mehr Geld zur Verfügung haben und dieses sofort für Verbindlichkeiten wie Autos, Designerklamotten oder die Miete eines teuren Hauses ausgeben, um andere zu beeindrucken oder zu zeigen, dass sie es „geschafft haben". In den meisten Fällen hält dieser vermeintliche Reichtum aber nicht lange. Beispiele hierfür gibt es viele, unter anderem unter Profi-Sportlern. Sowohl Mike Tyson als auch Boris Becker haben es trotz ihrer langjährigen Einnahmen in Millionenhöhe geschafft, alles für Luxus und Konsum auszugeben und in finanzielle Schwierigkeiten zu geraten:

http://www.faz.net/aktuell/sport/wimbledon/viele-internationale-spitzensportler-sind-insolvent-warum-15094001.html

Auch hieran lässt sich erkennen: mehr Geld löst einen grundsätzlichen Fehler wie den falschen Umgang mit Geld nicht, wie wir schon im 3. Geheimnis (Lifestyle-Inflationsfalle) festgestellt haben.

Die cleveren Reichen unserer Welt sind Vermögensreich. Sie stecken ihr Geld in Vermögenswerte wie Aktien oder Immobilien mit dem Gedanken, dadurch langfristig weiteres Geld zu generieren und ihr Vermögen zu vergrößern. Sie verschwenden keine Zeit mit dem Gedanken, andere durch ihren Lebensstil zu beeindrucken. Starinvestor Warren Buffet mit einem Vermögen von etwa 81,3 Milliarden US-Dollar (Stand Oktober 2017) hat beispielsweise trotz immensem Reichtum nie etwas an seinem bescheidenen Lebensstil geändert und wohnt immer noch in einem Haus, welches er 1958 für 31.500 $ gekauft hat.

Hier einige seiner Weisheiten, nach denen Du Dich für den Vermögensaufbau ebenfalls richten solltest:

- **Über Einnahmen**: „Sei nie von einer einzigen Einkommensquelle abhängig. Investiere, um Dir eine zweite Quelle aufzubauen."
- **Über Ausgaben**: „Wenn Du Dinge kaufst, die Du nicht brauchst, wirst Du bald Dinge verkaufen müssen, die Du brauchst."

- **Über Ersparnisse**: „Spare nicht, was nach dem Ausgeben übrig ist, sondern gib aus, was nach dem Sparen übrigbleibt."

Um den Unterschied zwischen Vermögenswerten und Verbindlichkeiten besser zu verstehen, schau Dir diese Tabelle mit ein paar Beispielen an:

Vermögenswerte	**Verbindlichkeiten**
Aktien, ETFs	Auto
Immobilie (Eigenheim oder vermietet)	Smartphone, Macbook, 65-Zoll Fernseher, Spielkonsole + Spiele
Festgeld, Tagesgeld, Anleihen	Bekleidung, Schmuck, Möbel, Dekoration
Geld (bar, Konto)	Miete, Abos (Netflix, Sky, Prime, Spotify, Gym)
Eigenes Unternehmen	Schulden

Wo steckt Dein Geld? Wenn etwas nach dem Kauf kontinuierlich an Wert verliert, hast Du eine Verbindlichkeit gekauft und Dein Vermögen wird dadurch kleiner. Wenn Du hingegen einen breit gestreuten ETF (dazu im nächsten Kapitel mehr) kaufst, hast Du einen Vermögenswert erworben, der passiv weiteres Einkommen generiert und Dein Vermögen wächst mit der Zeit.

Zur Verdeutlichung hier abschließend die unterschiedliche Auswirkung vom Kauf eines neuen Autos und der eines ETF (mit einer historisch langfristigen jährlichen Rendite von 7 %) auf Dein Vermögen:

	Wert bei Kauf	**Wert nach 1 Jahr**	**Dein Vermögen**
Auto	15.000 €	10.500 € (-30 %)	- 4.500 €
ETF	15.000 €	16.050 € (+7 %)	+1.050 €

Action Step:

Achte für den langfristigen Vermögensaufbau unbedingt darauf, Dein Geld primär in Vermögenswerte zu stecken und Deine Verbindlichkeiten gering zu halten.

Stell Dir vor dem nächsten impulsiven Kauf neuer Kleidung, eines neuen Smartphones, Notebooks oder Fernsehers die Frage, ob Du diesen wirklich brauchst, oder ob nicht das was Du bereits hast noch vollkommen ausreicht. Behalte im Hinterkopf, dass Du für Ausgaben in Verbindlichkeiten auch alle zukünftigen Erträge durch Vermögenswerte, wie Aktien oder Immobilien aufgibst, die dieses Geld für Dich erwirtschaften könnte.

GEHEIMNIS #6

Mit ETFs passiv und erfolgreich investieren

In den vorherigen Punkten hast Du Dir nun einige Monate an Ausgaben auf dem Konto angespart und Dir so einen angenehmen Sicherheitspuffer oder vielleicht sogar FU Money verschafft. Jetzt ist es an der Zeit, genauer darauf einzugehen, wie Du weiteres Geld intelligent investierst.

> *„Die Reichen **investieren** ihr Geld und geben aus, was übrig ist. Die Armen **geben** ihr Geld **aus** und investieren, was übrig ist."*

Die mit Abstand einfachste Variante, von der ich gemessen an der Vergangenheit auch in Zukunft eine langfristige Rendite von >7 %/Jahr erwarte, ist Dein Geld in kostengünstige, passive Indexfonds (ETFs) zu investieren.

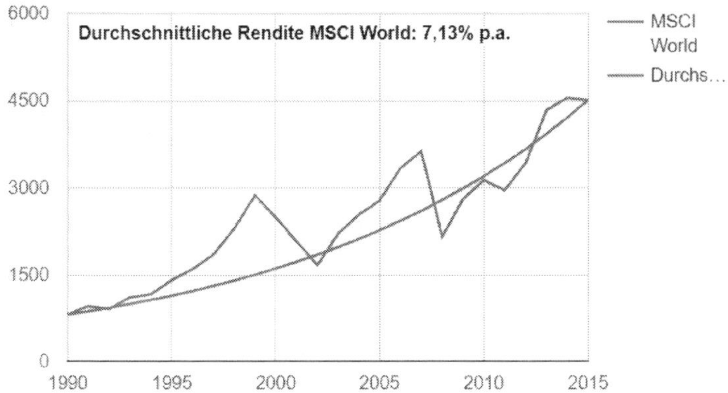

Quelle: homemade-finance.de

Im Gegensatz zu aktiven Fonds, mit denen Du vielleicht in der Vergangenheit schon schlechte Erfahrungen gemacht hast, gibt es hier keinen Ausgabeaufschlag oder sonstige teure Performance-Gebühren von 3-5 %/Jahr, die Fondsmanager jährlich für ihre Arbeit abkassieren. Es gibt bereits zahlreiche Studien die belegen, dass es kaum einen aktiven Fonds gibt, der es schafft auf lange Sicht die Markt-Performance von einem Index zu schlagen. Die einzigen, die an solchen Fonds gut verdienen, sind die Fondsmanager und die Bankberater, die für die Vermittlung davon einiges an Provision bekommen.

Lass also die Finger davon und investiere stattdessen möglichst kostengünstig in passive Indexfonds. Der Deutsche Aktienindex (DAX) ist ein Beispiel für einen solchen Index, der allerdings nur die Entwicklung der 30 größten Unternehmen in Deutschland abbildet und daher relativ klein ist. Ein weiterer bekannter Marktindex ist der S&P 500 in den USA, welcher nach Marktkapitalisierung gewichtet die Performance der 500 größten Unternehmen in den USA darstellt.

Um unser Risiko zu minimieren, wollen wir unser Investment aber breiter und auf die größten und produktivsten Unternehmen der ganzen Welt, nicht nur in einzelnen Ländern, aufteilen. Ein Aktienindex wie der FTSE-All World (>3.100 Unternehmen) oder der MSCI All Country World Index (>2.490 Unternehmen) eignet sich hierfür am besten. In Deutschland oder Österreich können wir einen solchen Index als ETF kaufen.

Die Abkürzung ETF steht für „Exchange Traded Fund", also börsengehandelter (Index)Fonds.

Steigt der FTSE-All World Index um 5 %, so steigt auch der Wert des zugehörigen ETF um 5 %. Ein ETF kauft alle Aktien entsprechend der Gewichtung im Index und passt das Portfolio automatisch an, um möglichst exakt die Entwicklung nachzubilden. Das schöne hierbei ist, Du kannst beispielsweise schon mit kleinen Beträgen wie nur 100 € breit gestreut in über 2.000 Unternehmen am Welt-Aktienmarkt investieren und von der guten langfristigen

Rendite der Weltwirtschaft profitieren. Und dies mit Kosten, bei ETFs TER (Total Expense Ratio) genannt, von meist unter 0,4 %/Jahr.

Selbst Profi-Investor Warren Buffet rät seinen Nachkommen, keine Zeit mit Einzelaktien oder aktiven Fonds zu verschwenden, sondern einfach 90 % ihres Vermögens in einen breit gestreuten Index und die restlichen 10 % in Anleihen zu stecken. In Europa sind Anleihen derzeit leider weniger interessant, da sie schon längere Zeit negativ rentieren. Investiere die restlichen 10 % Deines Vermögens stattdessen besser in Festgeld oder Tagesgeld um zumindest ein wenig Zinsen auf diesen Teil Deines Portfolios zu bekommen. Der beste Anbieter hierfür ist Weltsparen.de.

Breit gestreute ETFs sind die einfachste Möglichkeit, um Deine Ersparnisse langfristig erfolgreich zu vervielfachen und zu einem Vermögen anwachsen zu lassen. Sie erfordern im Gegensatz zu allen anderen Möglichkeiten kaum einen Zeitaufwand von Dir. Ich empfehle Dir also unbedingt, die Vorteile dieses Vehikels für Dich zu nutzen.

Action Step:

Eröffne ein kostenloses Depot bei einem Broker wie Flatex.de und kaufe Deinen ersten ETF. Ich empfehle Dir für Deinen ersten Kauf den FTSE All-World (0,25 % TER, ISIN: IE00B3RBWM25) oder den SPDR MSCI ACWI (0,40 % TER, ISIN: IE00B44Z5B48). Falls Dich das Thema interessiert und Du Dich genauer mit dem Thema ETFs auseinandersetzen willst, solltest Du Dir unbedingt auch mein anderes Buch, **ETFs - Der einfache Weg zum Reichtum** holen. Dieses beinhaltet weitere Beispiel-Portfolios und eine detaillierte Schritt für Schritt Anleitung, wie Du Dir mit verschiedenen ETF-Strategien ganz entspannt ein Vermögen aufbaust.

http://www.investoren-journal.com/ETFs-Buch

GEHEIMNIS #7

Das 8. Weltwunder

„Der Zinseszins ist das 8. Weltwunder. Wer ihn versteht, verdient an ihm... wer ihn nicht versteht, bezahlt ihn..." – Albert Einstein

Lass uns zuallererst darauf eingehen, was genau der Zinseszins überhaupt ist. Wenn Du Geld investierst, erhältst Du dafür jährlich eine gewisse Rendite. Wenn Du diese Rendite oder Zinsen reinvestierst oder auf dem Depot lässt, bekommst Du im folgenden Jahr zusätzlich zur Rendite auf Dein ursprünglich eingesetztes Kapital, auch Zinsen auf die Rendite des letzten Jahres. Dein Vermögenswert steigt durch die Zinsen auf die bereits erhaltenen Zinsen exponentiell wie in einem Schneeballeffekt immer schneller an.

Um zu verdeutlichen, wie viel der Zinseszins über Jahrzehnte ausmachen kann und weswegen Du so früh wie möglich mit dem Investieren anfangen solltest, hier ein Beispiel:

Alex und Sandra erhalten an ihrem 20. Geburtstag jeweils 10.000 € von ihren Eltern, unter der Voraussetzung, dass sie das Geld investieren. Nach einer längeren Recherche, entscheiden sie sich beide, über einen ETF breit gestreut in einen Aktien-Index zu investieren, um das Meiste aus ihrem Geld zu machen. Der ETF steigt jedes Jahr um 6 %, wovon jährlich 4 % als Dividende ausgeschüttet werden.

Alex freut sich jedes Jahr über die 400 € Dividenden und gibt diese sofort für ein neues Smartphone oder andere Konsumgüter aus. Seiner Meinung nach sollte man sein Leben genießen und sich etwas mit den Zinsen gönnen.

Sandra hingegen hat in der Schule gut aufgepasst und weiß über die Kraft des Zinseszins-Effekts Bescheid. Anstatt die Dividenden auszugeben, reinvestiert sie diese jedes Jahr sofort wieder in ihren ETF.

Wir schauen jetzt 47 Jahre in die Zukunft, die beiden sind jeweils 67 Jahre alt. Die 10.000 € von Alex sind auf 25.360 € angewachsen. Nicht übel, schließlich hat er in den letzten 47 Jahren insgesamt zusätzlich 20.000 € an Dividenden ausgegeben. Was ist mit Sandra?

Aus Sandras anfänglichen 10.000 € ist ein Vermögen von 154.650 € geworden! Ohne dass sie je einen weiteren Euro investiert hat; sie hat einfach die Dividenden wieder angelegt. Das ist das Sechsfache von Alex! Am folgenden Diagramm erkennst Du die exponentielle Kraft des Zinseszinses im Laufe der Jahre noch deutlicher (oben mit Zinseszins, darunter ohne):

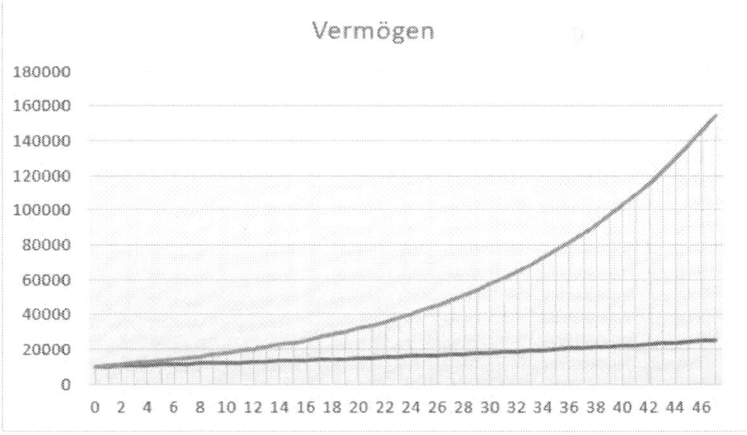

Quelle: finanziell-frei-mit-30.de

Ich hoffe, Du verstehst nun, dass ich nicht umsonst sage: Umso früher Du mit dem Investieren anfängst, desto besser.

Übrigens, wenn Du wissen willst, wie schnell sich Dein angelegtes Geld voraussichtlich verdoppelt, dividiere 72 durch die erwartete langfristige Rendite. Ein paar Beispiele:

- Bei einer jährlichen Rendite von 7 % verdoppelt sich Dein Geld alle 10,29 Jahre (72/7)
- Bei 8 % alle 9 Jahre
- Bei 9 % alle 8 Jahre
- Bei 10 % alle 7,2 Jahre

Unter dem folgenden Link https://www.investoren-journal.com/geheimnisse/ findest Du einen Rechner mit dem Du Dir den Zinseszins Effekt einfach ausrechnen kannst.

Der Zinseszins-Effekt kann über Inflation allerdings auch langsam gegen Dich wirken, wenn Du das Geld nicht investierst und einfach auf dem Bankkonto liegen lässt. Dazu im nächsten Punkt mehr.

Action Step:

Nutze den Zinseszins-Effekt voll aus und warte nicht länger mit dem Investieren. Reinvestiere zusätzlich die jährlichen Dividenden, damit Dein Vermögen im Laufe der Jahre exponentiell wachsen kann. Auch hierzu in meinem anderen Buch **ETFs - Der einfache Weg zum Reichtum** mehr.

http://www.investoren-journal.com/ETFs-Buch

GEHEIMNIS #8

Lass die Inflation nicht deine Ersparnisse vernichten

Genauso wie Du den Zinseszins beim Investieren für Dich nutzt, wirkt dieser bei Inflation gegen Dich. Derzeit haben wir eine jährliche Inflation von ca. 2-3 %. Dein Geld wird also, wenn Du dieses nicht Rendite-bringend investierst, jedes Jahr 2-3 % weniger wert.

Nicht nur das: was, wenn die Währung einbricht oder es zu einer Hyperinflation kommt? Auch in solch einem Fall bist Du besser dran, wenn Du Dein Erspartes in Vermögenswerte wie ETFs oder Immobilien angelegt hast. Anhand dieses Beispiels siehst Du, dass der deutsche Aktienmarkt in der Vergangenheit ein guter Hedge gegen Hyperinflation war:

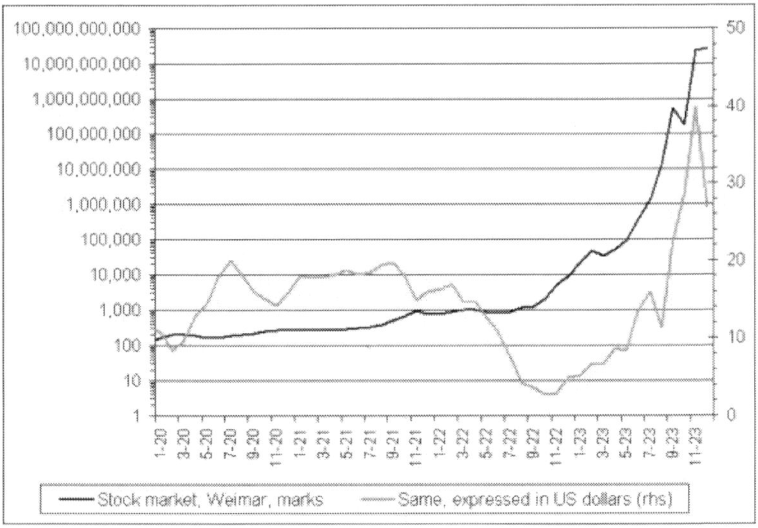

Quelle: zerohedge.com
Anmerkung: Die linke Spalte zeigt den Wert eines Anteils in Deutsche Mark, die rechte Spalte in US-Dollar über den Zeitraum von 1920-1924.

Im Gegensatz dazu hätte das Geld auf dem Bankkonto zu der Zeit enorm an Wert verloren. Das einzige, was Dir Dein Sparbuch garantiert, ist ein stetiger Wertverlust in Höhe der jährlichen Inflation.

Action Step:

Achte darauf, dass Du nur einen kleinen Teil Deines Vermögens (10 %) als Sicherheitspuffer auf einem Tagesgeld-, Festgeld- (Weltsparen.de) oder Bankkonto hast und investiere den Rest, um langfristig ein Vermögen aufzubauen und die Inflation zu schlagen.

GEHEIMNIS #9

Immobilien – Lifestyle-Entscheidung oder Geldanlage?

Ich will Dir eins im Vorhinein klar machen: eine selbst genutzte Immobilie ist keine gute Investition, sondern eine Lifestyle-Entscheidung. Diese Immobilie ist zwar eine Form der Kapitalanlage, aber gleichzeitig auch ein Konsumgegenstand (Verbindlichkeit). Als reines Investment solltest Du diese nur sehen, falls Du bereits Multimillionär bist und die Wohnimmobilie nur einen kleinen Prozentsatz Deines Vermögens ausmacht.

Der Kauf einer Immobilie, in den meisten Fällen auch noch auf Kredit, führt zu einer extremen Risikokonzentration, da sie ein riesen Klumpenrisiko von oftmals mehreren hunderttausend Euro darstellt. Aufgrund des

Kredits handelt es sich sogar um eine gehebelte Form des Anlegens, was ein zusätzliches Risiko darstellt.

Weswegen Du trotzdem von überall aus hörst, dass Du Dir unbedingt Deine eigene Wohnung kaufen solltest?

Das liegt rein am fehlenden Wissen über erfolgreichen Vermögensaufbau mit anderen Anlageklassen wie etwa Aktien, welches die meisten nicht haben. Außerdem musst Du Dir auch bewusst sein, dass viele Unternehmen wie Banken einem Interessenskonflikt unterliegen und Dir daher natürlich niemals vom Kauf einer Immobilie abraten würden. Schließlich verdienen diese sehr gut an den Zinsen, die Du Dich verpflichtest Jahrzehnte lang zurückzuzahlen.

Vergiss aber auch nicht, wie viel Freiheit Du durch den Kauf einer Immobilie auf Kredit aufgibst. Was, wenn Dir Dein Job doch nicht mehr gefällt? Du willst mehr reisen und eine Zeit lang weniger arbeiten? All das ist nur schwer möglich, solange Du an einen Wohnungskredit gebunden bist.

Immobilien zu kaufen, um diese an andere zu vermieten, ist hingegen sehr wohl eine Form der Geldanlage. Sofern Du aber nicht bereits Millionär bist, würde ich aber trotzdem vorerst die Finger davonlassen. Es ist hochriskant, Deine gesamten Ersparnisse, beziehungsweise einen überproportional großen Teil Deines Vermögens und einen Großteil Deines zukünftigen Einkommens in eine einzige Wohnung zu stecken. Die meisten gehen fälschlicherweise einfach davon aus, dass Immobilienpreise immer steigen und ignorieren bei ihrer Rendite-Berechnung komplett die hohen Zusatzkosten beim Kauf (bis zu 10 % des Kaufpreises), durch jährliche Instandhaltungskosten und durch Steuern, die auf die Mieteinnahmen bezahlt werden müssen. Auch sollte Dir klar sein, dass eine Immobilie auf keinen Fall ein passives Investment ist, sondern ein dauerhafter Nebenjob. Schließlich bist Du der erste Ansprechpartner, wenn etwas nicht passt oder kaputt wird. Du musst also für die in den meisten Fällen miserable langfristige Rendite auch noch einen Teil Deiner Zeit opfern.

Nicht nur das, als Privat-Investor bist Du gegenüber gewerblichen Vermietern beträchtlich benachteiligt: Beim Kaufpreis, Zinsen auf den Kredit, Maklerkosten, Reparaturkosten, Versicherungen und auch bei Rechtsberatungskosten, sollte es mal Probleme mit einem Mieter geben. Du zahlst als Privatperson deutlich mehr und es ist daher sehr schwer für Dich, hier mitzuhalten und eine ordentliche Rendite herauszuholen.

Ich würde Dir also, im derzeitigen Umfeld der durch günstige Kredite explodierten Immobilienpreise, davon abraten, Dein Kapital in eine Wohnung oder ein Haus zu stecken.

Wenn Du trotzdem gerne einen Teil Deines Vermögens in Immobilien investieren willst, um Dein Portfolio zu diversifizieren oder weil Du Dir viel von der zukünftigen Entwicklung dieser Anlageklasse erhoffst, würde ich dies über ETFs in REITs („Real Estate Investment Trusts" = offene, transparente Immobilien-Aktien Fonds) tun. So kannst Du auch mit kleineren Summen passiv in Immobilien investieren, umgehst aber das finanzielle Klumpenrisiko einer einzelnen Wohnung, da Du in Immobilien auf der ganzen Welt oder zumindest in ganz Europa investiert bist.

<u>Folgende zwei ETFs sind hierfür interessant:</u>

- HSBC FTSE EPRA/NAREIT Developed (0,40 % TER, ISIN: DE000A1JXC78) für Immobilien weltweit
- Xtrackers FTSE EPRA/NAREIT Developed Europe Real Estate (0,33 % TER, ISIN: LU0489337690) für Immobilien in Europa

Action Step:

Sofern Du den Kauf und die Vermietung von Immobilien nicht gewerblich betreiben und zu Deinem neuen Vollzeitjob machen willst, ist der Kauf einer Wohnung oder eines Hauses keine sinnvolle Investition. Versuch stattdessen Deine Mietkosten zu optimieren und investiere den Rest passiv in einen marktbreiten Aktien-ETF. Wenn Du trotzdem Immobilien in Deinem Portfolio haben möchtest, um Dein Vermögen breiter zu diversifizieren, empfehle ich Dir den Kauf von einem der obengenannten REIT-ETFs.

GEHEIMNIS #10

Finanzielle Freiheit

Kommen wir zu einem meiner Lieblingsthemen: finanzielle Freiheit. Zur Vereinfachung richten wir uns hier nach der 4 % Regel, die auf der Trinity Study basiert. Diese besagt, dass Du dann finanziell frei bist, wenn Du das 25-fache Deiner jährlichen Ausgaben angespart und angelegt hast.

Du kannst dann mit sehr hoher Wahrscheinlichkeit jedes Jahr, in egal welcher Marktlage, bis zu 4 % Deines zu diesem Zeitpunkt investierten Kapitals entnehmen, ohne dass Dein Vermögen langfristig kleiner wird. Dies deshalb, weil die langfristige Aktien-Rendite (in unserem Fall von einem marktbreiten ETF) in der Vergangenheit deutlich höher war als 4 % (> 7 % ca.).

Brauchst Du beispielsweise 24.000 € netto im Jahr (2.000 €/Monat) für ein entspanntes, sorgenfreies und schönes Leben nach Deinen Vorstellungen, reichen Dir insgesamt 600.000 € (24.000 x 25) an investiertem Kapital, um nie wieder arbeiten zu müssen. Brauchst Du nur 1.500 € im Monat, reichen schon 450.000 €.

Mit diesem Rechner kannst Du anhand Deines aktuellen Vermögens, Deiner Jahresausgaben und Deines Jahreseinkommens berechnen, wann Du voraussichtlich finanziell frei sein wirst.

Wir rechnen ein paar Beispiele durch: selbst, wenn Du noch keinen einzigen Euro angespart hast, kannst Du, wenn Du 50 % von Deinem Netto-Einkommen sparst und investierst, in 15 Jahren finanziell frei sein. Wenn Du 60 % sparst, brauchst Du bei gleichbleibenden Ausgaben nur mehr 11,4 Jahre. Wenn Du es sogar schaffen solltest, 70 % Deines Netto-Einkommens zu sparen, brauchst Du nur 8,3 Jahre! Solltest Du bereits ein kleines Vermögen angespart haben, verkürzt sich die Zeit bis zur frühen Rente natürlich noch weiter.

Eine Sparrate von 50 % oder mehr klingt natürlich erstmal nach viel und ich verstehe, wenn Dich der Gedanke daran erstmal zum Schlucken bringt. Solche Sparraten sind nach Optimierung der Ausgaben in den meisten Fällen aber durchaus möglich. Sollte sich dies bei Dir derzeit nicht umsetzen lassen, hast Du langfristig natürlich trotzdem etwas davon, wenn Du klein anfängst und beispielsweise regelmäßig 5 % Deines Einkommens investierst und Deine Sparrate nach und nach erhöhst.

Quelle: frugalisten.de/rechner

Es ist natürlich sehr unwahrscheinlich, dass Du ab dem Zeitpunkt nie wieder auch nur einen einzigen Cent dazu verdienen wirst. Die meisten, die finanzielle Freiheit erreichen, gehen danach einer Leidenschaft nach, die dann plötzlich ebenfalls Einkommen generiert. Manchmal sogar mehr als der Job davor.

Es gibt allerdings durchaus auch Leute, die zwar bereits genug Vermögen haben, um finanziell frei zu sein, die sich aber aufgrund destruktiver Glaubenssätze nicht trauen, aus dem Hamsterrad auszusteigen. Sie finden dann immer wieder Gründe, um noch etwas länger einer Arbeit nachzugehen, die ihnen eigentlich keine Freude bereitet.

Oder wiederum andere, die finanziell frei sein könnten, wenn sie einfach nur die Ausgaben herunterschrauben würden. Wie Du oben schon feststellen konntest, kann eine höhere Sparquote die Zeit bis zur Frührente deutlich verkürzen. Oft besteht aber das Risiko, dass sie sich an die hohen Ausgaben und den Luxus gewöhnt haben. Diese Menschen glauben nun, dass Sie diesen teuren Lebensstil brauchen, obwohl sie dieser nicht wirklich glücklich macht. Sie nehmen sich zu selten die Zeit, gründlich darüber nachzudenken, ob es sich nicht besser anfühlen würde, nicht mehr arbeiten zu müssen. Achte darauf, dass Dir das nicht auch passiert.

Action Step:

Rechne Dir anhand des Rechners selbst aus, wann Du mit Deinem derzeitigen Vermögen und Deinen Einnahmen und Ausgaben (voraussichtlich) in Rente gehen kannst. Bist Du mit dem Ergebnis nicht zufrieden, dann kümmere Dich darum, Deine Ausgaben zu reduzieren und Wege zu finden, Deine Einkünfte zu steigern.

GEHEIMNIS #11

Der unendliche Kredit

Nachdem Du die vier Prozent-Regel kennen gelernt hast, möchte ich Dich in Diesem Kapitel dazu anregen, anders über Käufe nachzudenken.

Wie jedes Jahr erscheint auch diesmal ein neues iPhone im September. Obwohl Dein altes Smartphone noch tadellos funktioniert, überlegst Du nicht lange und entscheidest Dich wegen der vielen coolen Features und der verbesserten Kamera dafür, Dir das neueste iPhone Plus Modell um 900 € zu kaufen.

Würdest Du die gleiche Entscheidung treffen, wenn Du wüsstest, dass Dich dieser eine Kauf zusätzlich zu den 900 €, bis an Dein Lebensende 3 € im Monat kostet? Hättest Du das Geld nämlich investiert, könntest Du Dir laut der 4 %-Regel, für immer und ewig 36 Euro im Jahr oder 3 € pro Monat auszahlen lassen, ohne das Geld jemals aufzubrauchen.

Vereinfacht ausgedrückt: jeder unüberlegte 300 € Kauf ist zusätzlich zum Verlust der Kaufsumme, ein unendlicher Kredit, für den Du bis an Dein Lebensende monatlich 1 € zahlst (4 % von 300 = 12; 12/12 = 1).

Dies trifft natürlich auf alle Anschaffungen zu:

- Du kaufst einen neuen Fernseher um 600 €? Du verzichtest auf zusätzliche 2 €/Monat.
- Ein paar schicke Designer-Schuhe um 210 €? 70 Cent pro Monat weniger.
- 1.500 € für einen All-Inclusive Urlaub? 5 €/Monat sind dafür für immer weg.
- Der Tesla um 39.000 € kostet Dich auch dann noch 130 € im Monat, wenn er schon längst am Schrottplatz steht.

Lass die Formel lieber für statt gegen Dich arbeiten. Wann immer Du 300 Euro sparst und investierst, steigerst Du Dein passives, monatliches Einkommen um 1 €!

- Statt dem All-Inclusive Hotel entscheidest Du Dich für ein Airbnb-Apartment und selbst gekochtes Essen für insgesamt ca. 300 €? Ka-Ching! Die investierten 1.200 € Differenz generieren ab jetzt ein passives Zusatzeinkommen von 4 €/Monat.
- Statt dem Tesla reicht auch ein Gebrauchtwagen um 9.000 € und Du kaufst mit den restlichen 30.000 €

einen ETF? Super, Du hast jetzt monatlich für immer 100 € mehr zur Verfügung!

Das heißt jetzt natürlich nicht, dass Du keinen All-Inclusive Urlaub mehr genießen kannst oder keine Käufe tätigen sollst, die Dich viel kosten, Dir aber auch viel bedeuten. Ich wollte Dir anhand obiger Beispiele nur die wahren Kosten einiger, meist wenig durchdachter, Anschaffungen vor Augen führen.

Action Step:

Überlege Dir, mit diesem neuen Wissen bewaffnet, jede größere Anschaffung und Ausgabe genau. Womöglich ist die kurzfristige Befriedigung, die Dir der ein oder andere Kauf bringt, diesen unendlichen Kredit nicht wert.

GEHEIMNIS #12

Deine Zeit ist wertvoll

Wieviel ist Dir Deine Zeit wert?

Wann immer Du etwas kaufst, dass Dich nicht glücklicher macht, tauschst Du dafür die Arbeitszeit ein, die Du benötigst, um dieses Geld zu erwirtschaften. Ist Dir der tägliche Starbucks-Kaffee auf dem Weg zur Arbeit im Monat wirklich 9 Stunden Arbeit wert? Oder reicht nicht doch der Kaffee, den es im Büro umsonst gibt? Und was, wenn Du Dir monatlich 12 Stunden Deines Jobs sparen könntest, wenn Du statt den 10 €, die Du unter der Woche täglich für Mittagessen im Restaurant ausgibst, am Abend einfach die doppelte Portion kochst und die zweite Hälfte mittags auf der Arbeit isst?

„Wir haben Berge von überflüssigem Bedarf angehäuft. Ständig müssen wir kaufen, wegwerfen, kaufen... Es ist unser Leben, das wir verschwenden. Denn wenn wir etwas kaufen, bezahlen wir nicht mit Geld. Wir bezahlen mit unserer Lebenszeit, die wir aufwenden mussten, um dieses Geld zu verdienen. Der Unterschied ist: Leben lässt sich nicht kaufen. Es vergeht einfach. Und es ist schrecklich, dein Leben zu verschwenden, indem du deine Freiheit verlierst."
- José Mujica (Präsident von Uruguay 2010-2015)

Solange Du nichts von Deinem Einkommen beiseitelegst und investierst, bist Du an das Einkommen Deines Jobs gebunden und musst bis zur Pension arbeiten, falls es diese dann in der heutigen Form noch geben sollte. Wenn Du aber bereits früh damit anfängst, einen immer größeren Teil Deines Gehalts anzulegen, vermehrt sich dein Vermögen im Laufe Deines Lebens von selbst, ohne dass Du weitere Stunden Arbeit leisten musst. Bis das investierte Kapital schließlich monatlich mehr Geld generiert, als Du zum Leben brauchst.

Oder stelle Dir vor, Du fängst mit 25 Jahren an Dein Geld in ETFs zu investieren und 5-10 Jahre später hast Du dadurch ein passives monatliches Zusatzeinkommen von 800 €, kannst deswegen jetzt Teilzeit arbeiten und beispielsweise mehr Deiner wertvollen Zeit mit Deinen

Kindern verbringen oder anderen Leidenschaften nachgehen.

Deine Lebenszeit und Energie sind begrenzt und wertvoller als Geld. Verschwende diese also nicht für sinnlosen Konsum, sondern nutze einen Teil Deines Gehalts, um Dir langfristig durch Deine Geldanlage mehr und mehr Freiheit zu verschaffen.

Action Step:

Berechne, wie viel Geld eine Stunde Deiner Zeit (für den Arbeitgeber) derzeit wert ist. Wandle anschließend Deine Ausgaben in Arbeitsstunden um und überlege Dir, ob Du weiterhin bereit bist, so viel Deiner Lebenszeit dafür einzutauschen.

GEHEIMNIS #13

Geld ist nur ein Mittel zum Zweck

Weswegen ist Geld eigentlich so begehrenswert? Du willst Geld nicht wegen des Geldes, sondern wegen dem was Du denkst was das Geld Dir geben oder für Dich erfüllen kann.

Du hast sicher schon öfter selbst festgestellt, dass Dich die meisten materiellen Dinge nur kurzfristig glücklich machen. Relativ schnell gewöhnst Du Dich an Dein neues Spielzeug und Dein Leben fühlt sich wieder wie vorher an, das Geld ist nun aber weg. Damit auch die zusätzliche Freiheit, die Dir dieses Geld in Zukunft hätte geben können.

„The best things in life aren't things" – John Ruskin

Dankbarkeit spielt ebenfalls eine wichtige Rolle im Leben. Wenn Du mit dem, was Du jetzt hast, nicht glücklich bist, wirst Du ohne Dankbarkeit auch nicht glücklich sein, wenn Du mehr hast. Mehr Dankbarkeit für alles, was Du bereits in Deinem Leben hast, macht Dich zufriedener, nicht mehr Dinge.

Versuche herauszufinden, was Dich wirklich glücklich macht und wonach Du Dich in Deinem Leben sehnst. Dies kann beispielsweise ein neues Hobby wie in der Natur Wandern, mehr Zeit mit Freunden oder der Familie, ein Musikinstrument oder ein Job, der Dich motiviert sein. Oft findest Du im Nachhinein heraus, dass die besten Dinge im Leben überhaupt kein (oder nur wenig) Geld kosten.

Um diesen Punkt zu verdeutlichen, finde ich die Geschichte mit dem Mexikanischen Fischer sehr passend (Quelle: ferencrauschenbach.de/sinn-des-lebens):

In einem kleinen mexikanischen Fischerdorf stand ein Investmentbanker am Pier. Er beobachtete wie ein Fischer mit seinem kleinen Fischerboot anlegte. Der Fischer hatte einige große und schwere Thunfische geladen.

Der Bankier beglückwünschte den Fischer zu seinem tollen Fang und fragte, wie lange er denn gefischt hätte.

Der Mexikaner antwortete: „Nur ein paar Stunden, mehr nicht."

Der Banker fragte daraufhin, wieso der Fischer nicht länger auf See geblieben ist, um noch mehr Thunfische zu fangen.

Der Fischer erwiderte nur, dass es genug Fische seien, um seine Familie für die nächsten Tage zu versorgen.

Der Investmentbanker fragte wiederum: „Ja, und was machen Sie mit dem Rest des Tages?"

Der Mexikaner erklärte: „Morgens schlafe ich aus, fische ein wenig, spiele mit meinen Kindern, mache nach dem Mittag mit meiner Frau Siesta, spaziere durchs Dorf, trinke dort ein Gläschen und spiele mit meinen Freunden Gitarre, sie sehen ich habe das volle Leben."

Der Banker erklärte: „Ich habe erfolgreich in Harvard studiert und könnte Ihnen zeigen wie Sie noch mehr erreichen. Am besten investieren Sie noch mehr Zeit ins Fischen und von dem Gewinn könnten Sie sich ein noch größeres Boot kaufen, bis Sie eine Flotte haben. Ihren Fang verkaufen Sie direkt an eine Fischverarbeitungsfabrik, statt an die Händler. Eines Tages können Sie dann ihre eigene Verarbeitungsfabrik eröffnen. Das bedeutet, dass Sie Produktion, Verarbeitung und Vertrieb alles in eigener Hand hätten. Sie müssten dann auch nicht mehr in diesem kleinen Dorf leben. Sie könnten nach Mexiko City, Los Angeles oder sogar nach New York, von wo aus Sie ihr wachsendes Unternehmen leiten."

Der Fischer fragte: „Und wie lange dauert das alles?"

Der Banker erwiderte: „So ungefähr 15 bis 20 Jahre."

Der Mexikaner fragte: „Und was dann?"

Der Banker lachte und sagte: „Dann kommt das Allerbeste. Wenn Ihr Unternehmen dann groß genug ist, könnten Sie an die Börse gehen und Ihre Unternehmensanteile verkaufen. Sie würden sehr reich werden, Sie könnten Millionen verdienen".

Der Fischer sagte: „Millionen. Und dann?"

Der Banker antwortete: „Sie müssen nicht mehr arbeiten, Sie könnten an die Küste in ein kleines Fischerdorf ziehen, morgens ausschlafen, ein wenig Fischen gehen, mit Ihren Kindern spielen, eine Siesta mit Ihrer Frau machen, ins Dorf spazieren, am Abend ein Gläschen Wein genießen und mit Ihren Freunden Gitarre spielen."

Action Steps:

Nimm Dir 10 Minuten Zeit, ein Blatt Papier und schreib Dir alles auf, wofür Du in Deinem Leben dankbar bist. Überlege Dir danach, was Dich wirklich erfüllt und wie Dein ideales Leben aussieht. Willst Du beispielsweise mehr Freunde treffen, Hobbys nachgehen, Reisen, Zeit für Dich und Deine Familie haben? Brauchst Du dafür wirklich so viel Geld oder könntest Du etwas davon durch eine Änderung Deines Lifestyles und Deiner Prioritäten schon heute einbauen?

GEHEIMNIS #14

Was reich sein wirklich bedeutet

Was bedeutet reich sein überhaupt?

Zuerst einmal müssen wir uns vom allgemeinen und oberflächlichen Gesellschaftsbild von Reichtum trennen. Dazu solltest Du aufhören, Dich mit anderen zu vergleichen oder zu versuchen, irgendwelche externen Erwartungen zu erfüllen. Schau stattdessen auf Deine eigenen Bedürfnisse und frage Dich selbst, was reich sein für Dich bedeutet.

Hier sind zwei gute Interpretationen von Reichtum, die ich ebenfalls teile:

„Reich sein bedeutet, das Geld und die Zeit für das zu haben, was Du liebst."

„Reich ist, wer viel von dem hat, was ihm wichtig ist."

Was ist Dir wichtig, wovon willst Du mehr? Was brauchst Du, um glücklich zu sein? Wenn Du eine Antwort auf diese Fragen findest, weißt Du, worauf Du Dich in Deinem Leben konzentrieren solltest. Die Konzentration auf das, was Dir wichtig ist und das Eliminieren von dem, was für Dein Glück überflüssig ist, macht am Ende reich.

Brauchst Du einen bestimmten monatlichen Betrag, um ein reiches Leben nach Deinen Vorstellungen zu leben? Dann kümmere Dich darum, durch Geld sparen und Investieren ein Vermögen aufzubauen, welches diese Kosten abdeckt.

Action Step:

Stell Dir selbst die Frage, was reich sein für Dich bedeutet.

GEHEIMNIS #15

Geld = Wert

In unserer Gesellschaft hören wir immer wieder solche Aussagen: „Ich arbeite doch viel härter, wieso werde ich nicht so gut bezahlt wie andere? Das ist ungerecht."

Auf den ersten Blick sieht es natürlich sehr ungerecht aus, aber nur für die, denen diese Geld-Regel nicht bewusst ist:

Es geht nicht darum, wer länger, härter und fleißiger arbeitet, sondern darum, wer in einer bestimmten Zeit einen größeren Mehrwert und Nutzen für andere schafft!

Desto mehr Wert (Value) ich mit meiner Arbeit produziere, desto mehr Geld (Wert) bekomme ich zurück. Fokussiere Dich nicht auf das Geld, sondern darauf, wie Du mehr Wert erzeugen kannst und dadurch selbst wertvoller wirst. Beispielsweise in dem Du Dich ständig weiter bildest, mehr Verantwortung übernimmst und Deine Ziele höher ansetzt.

Action Step:

Ändere Dein Mindset über Geld. Dein neues lautet von nun an: Geld = Wert. Je mehr Wert Du produzierst oder gibst, desto mehr bekommst Du zurück. Finde Wege, Deine Arbeitszeit wertvoller zu machen und damit mehr Wert zu generieren.

GEHEIMNIS #16

Unternehmertum

Leider wird man in den meisten Fällen als Angestellter nicht oder nur minimal höher entlohnt, wenn man mit seiner Arbeit mehr Wert generiert. Das führt dazu, dass die meisten nur das Nötigste machen, da sie das Gefühl haben, dass es ohnehin kaum einen Unterschied macht.

Als Unternehmer hingegen, steigt Deine Entlohnung im Idealfall direkt proportional zu dem, was Du durch Deine Arbeit an zusätzlichem Wert generierst. Umso mehr Du reinsteckst, umso mehr bekommst Du dabei heraus. Dein Einkommen hat keine vordefinierten Grenzen, wie bei einem Angestelltenverhältnis. Für viele kann die selbständige Arbeit und der Aufbau des eigenen Unternehmens auch erfüllender sein. Du arbeitest dabei schließlich nicht für den Traum eines anderen, sondern an Deiner eigenen Vision.

Du investierst mit Deiner Leistung automatisch in Dein eigenes Unternehmen, welches ebenfalls zu Deinem Vermögen zählt, und machst es durch Deine Arbeit wertvoller. In Zukunft kannst Du dieses womöglich auch verkaufen, falls Du es nicht mehr weiterführen willst und eine neue Herausforderung suchst.

Natürlich gehst Du mit der Selbständigkeit auch ein höheres Risiko ein. Ich denke auch nicht, dass das Unternehmertum für jeden das richtige ist. Für viele ist Leben als Beschäftigter angenehmer und unkomplizierter. Womöglich gefällt Dir Dein derzeitiger Job sogar?

Mein Ziel ist es nicht Dich dazu zu bewegen, Deinen Job zu kündigen und Dich planlos in die Selbständigkeit zu stürzen. Vielmehr möchte ich Dich dazu motivieren, Dir ein Zusatzeinkommen neben Deinem Job aufzubauen. Nicht nur, um Dein Einkommen zu steigern und neue Fähigkeiten zu erlernen, sondern auch, um nicht mehr das Gefühl zu haben, dass Du komplett von Deinem Job abhängig bist.

Dank des Internets ist es so einfach wie nie zuvor, ein Side-Business aufzubauen und Menschen zu erreichen, die an Deinen Diensten interessiert sein könnten. Nutze diese Chance, um herauszufinden, ob Du mit einer Deiner Leidenschaften Geld verdienen könntest. Falls die Einkünfte daraus eines Tages Deine Ausgaben decken, kannst Du Dir anschließend überlegen, ob Du Deinen Job kündigen willst, um Dich komplett auf Dein Unternehmen zu stürzen.

Action Step:

Überlege Dir, welche Deiner Interessen oder Leidenschaften Du dazu nutzen könntest, um Dir neben Deinem Gehalt etwas dazu zu verdienen und um Deine Kompetenzen zu erweitern.

Fazit

Die wichtigsten Fakten auf einen Blick

Glückwunsch, Du bist mit diesem Finanzwissen nun besser aufgestellt als 95 % Deiner Mitmenschen.

Du weißt jetzt:

- Welche finanziellen Fehler Du unbedingt vermeiden solltest
- Wie wichtig es ist, Deine Ausgaben unter Kontrolle zu haben
- Wie gefährlich Lifestyle-Inflation sein kann
- Wie Dir FU Money dabei hilft, aus der Abhängigkeit herauszukommen
- Was der Unterschied ist, zwischen Vermögenswerten und Verbindlichkeiten
- Wie Du mit ETFs passiv, kostengünstig und erfolgreich investierst

- Wieso Albert Einstein den Zinseszins das 8. Weltwunder nannte
- Wie Du dich vor Inflation schützt
- Dass Immobilien in den meisten Fällen doch keine so tolle Investition sind
- Wie Du finanzielle Freiheit erreichen kannst
- Dass unüberlegte Anschaffungen Dich deutlich mehr kosten als nur den Kaufpreis
- Dass Deine Zeit wertvoll ist und Du diese nicht einfach so hergeben solltest
- Dass Geld nur ein Mittel zum Zweck ist und die besten Dinge im Leben kein Geld kosten
- Was reich sein wirklich bedeutet
- Den direkten Zusammenhang zwischen Deinem Einkommen und dem Wert, den Du generierst
- Wie Du Deine Einnahmen und Kompetenzen mit einem Side-Business verbessern kannst

Abschließend möchte ich mich nochmal bei Dir für den Kauf dieses Buches bedanken. Ich hoffe, es hat Dir gefallen und Du kannst meine Lektionen in Dein eigenes Leben einbauen. Bezüglich letzterem solltest Du unbedingt noch einmal weiterblättern, bevor Du dieses Buch schließt. Auch möchte ich Dich dazu einladen, unserer Facebook Gruppe http://www.investoren-journal.com/facebook beizutreten, auf der Du Dich mit anderen erfahrenen Investoren austauschen kannst. Du kannst dort gerne Fragen stellen, falls Du Dir beispielsweise beim Investieren unsicher bist oder falls Du Hilfe brauchst.

Ich habe Dir auf der Companion Seite nochmal alle Action Steps und Informationen zusammengefasst.

WICHTIG

Im Buch werden immer wieder Links und Tipps gegeben, die ich für Dich auf einer komplementären Seite aufgelistet habe.

Den Zugang dazu erhältst Du unter:

https://www.investoren-journal.com/geheimnisse

Kostenloser Bonus

Schön, dass Du einen weiteren Schritt auf dem Weg zum Anlage-Experten gemacht hast. Wir möchte Dich bei deinem Anliegen bestmöglich unterstützen und haben einen kostenfreien Bonus „**13 fatale Fehler, die Du beim Investieren unbedingt vermeiden solltest**" für Dich angehängt.

Den Zugang dazu erhältst Du unter:

https://www.investoren-journal.com/fatale-fehler

Leseprobe

ETFs
Der einfache Weg
zum Reichtum
Investoren.Journal
Stefan Schumm

Der Weg zu Reichtum mit ETFs

Aus dem ersparten Geld mehr zu machen ist ein uralter Gedanke der Menschen. Selten war es jedoch für die meisten so unklar, wie sie ihr Geld sinnvoll anlegen können. Obgleich es viele Anlageformen gibt, bietet der Aktienmarkt weiterhin große Chancen. Vielleicht erscheint dir der Aktienmarkt zu riskant und komplex. Dasselbe haben wir bis vor einiger Zeit auch gedacht. Fakt ist, wir leben in einer Dekade sinkender Zinsen. Viele sind sich daher einig: Sparen lohnt sich nicht mehr. Mit Blick auf klassische Sparanlagen mag dies sogar stimmen, wer kommt schon weit, mit Zinsen um 1-2 %? Das Sparkonto oder der Bausparvertrag lohnen sich schon lange nicht mehr. Und doch schafft es eine nicht zu unterschätzende Anzahl an Menschen, jedes Jahr finanzielle Freiheit zu erlangen und das auch ohne nennenswertes Startkapital oder hohe erste Investments. Sicher dabei ist, betroffene Personen haben nicht nur Ersparnisse auf ein Tagesgeldkonto transferiert,

Däumchen gedreht und gewartet. Es gibt Wege systematisch zu Wohlstand zu kommen.

Früher haben wir auf meinen Bankberater vertraut, doch

leider wurden wir entweder enttäuscht oder das Ergebnis lag deutlich unter meinen Erwartungen. Wir zeigen dir in diesem Buch, warum Du keinen Bankberater brauchst, um außergewöhnliche Investmentergebnisse zu erzielen. Es ist egal, ob Du für deinen wohlverdienten Ruhestand sparst oder für finanzielle Freiheit. Wofür möchtest Du sparen? Möchtest Du noch bis zur Rente arbeiten? Wie könnte eine langfristig verlässliche Strategie zur Geldanlage aussehen? Mit diesen Fragen bist Du nicht allein.

Das geheime Konzept für Wohlstand durch Aktien insbesondere Exchange Traded Funds (ETFs) ist so einfach wie effektiv. Wir zeigen Dir von der Pike auf worum es sich bei ETFs handelt und bilden Dich in kürzester Zeit zum Experten aus. Dabei fangen wir bei den Grundsteinen an und greifen auf Insidertipps zurück, die dir mit hoher Wahrscheinlichkeit bisher verschwiegen wurden. Doch vorab, wir wollen ehrlich sein. Du wirst nicht zum Millionär über Nacht. Es dauert mindestens eine Dekade, um mit überschaubarem Risiko, ein großes Vermögen aufzubauen. Sei nicht ungeduldig. Das hat auch schon der berühmte Star-Investor Warren Buffet gepredigt:

„The stock market is a device for transferring money from the impatient to the patient." - Warren Buffett

Es gibt eine Hand voll Prinzipien, die Du verinnerlichen musst, um mehr als 95 % eines optimalen Portfolios mit einfachsten Mitteln zu generieren. Diversifiziere, senke deine Kostenquote, folge einem Plan, spare regelmäßig und investiere so früh wie möglich. Wie Du mit Hilfe dieser Prinzipien ein sehr erfolgreiches Portfolio aufbauen kannst, das weniger als 3-4 Stunden Pflege im Jahr bedarf, lernst Du in diesem Buch. Die Erfolge werden Dir Recht geben.

Wir gehen Schritt für Schritt darauf ein, wie jeder Leser es schaffen kann, als Millionär in Rente zu gehen. Dabei gehen wir auch genau darauf ein, welche Risiken bestehen und wie Du diese steuern und minimieren kannst, ohne deine Rendite zu opfern. Finanzielle Freiheit ist möglich und ist nicht einmal kompliziert. Wir zeigen Dir, wie Du dein Vermögen alle sieben Jahre verdoppeln kannst, völlig legitim und nachvollziehbar anhand logischer Schritte. Eine simple, aber durchdachte Strategie übertrifft meist komplexes stock picking, denn durch zu viele aktive Entscheidungen schaden sich die meisten Investoren nur selbst. Ein klein wenig Faulheit kann bei einem durchdachten Konzept sogar belohnt werden.

Wertentwicklung und Gewinn der wiederanlegenden ETFs					
Index/ETF	ISIN	Art der Nachbildung	Kosten (TER) p.a.	Durchschnittliche Wertentwicklung (2013-2017) p.a.	Gesamtgewinn (2013-2017), Anlage 10.000 €
MSCI World Netto-Index				13,74 %	9.039 €
iShares Core MSCI World UCITS ETF	IE00B4L5Y983	Physisch	0,2 %	13,89 %	9.164 €
Source MSCI World UCITS ETF	IE00B60SX394	Synthetisch	0,19 %	13,63 %	8.946 €
Xtrackers MSCI World Index UCITS ETF	LU0274208692	Synthetisch	0,35 %	13,63 %	8.946 €

Quelle: MSCI, ETF-Anbieter, Finanztip-Berechtigungen (Stand: 9. März 2018)

Vielleicht bist Du dir noch unsicher, ob Du ein zu großes Risiko eingehst? Diese Angst können wir Dir nehmen. Natürlich ist die Börse nicht risikolos, aber selbst bei den simpelsten Strategien zeigt sich, dass...

Diese Bücher auf Amazon könnten Dir auch gefallen...

Bitcoin - Investieren in die Zukunft: Alles, was Du als Einsteiger über Bitcoin wissen musst und wie Du vom Megatrend profitieren kannst

Geld anlegen für Einsteiger: Wie Du Deine ersten 1.000€ optimal investierst (kurz & knapp in 20 min)